L 44
Lb
1521

Marius LÉTY

BONAPARTE

A

VALENCE

(Avec portrait du lieutenant Bonaparte,
d'après le tableau de Greuze)

« J'ai un secret pressentiment que
» cette île (la Corse) un jour étonnera
» le monde ».   J.-J. ROUSSEAU.

(Le Contrat Social)

Prix : 1 Franc 50

TOURNON

Imprimerie et Lithographie L. Boyer

1895

(Tous droits réservés)

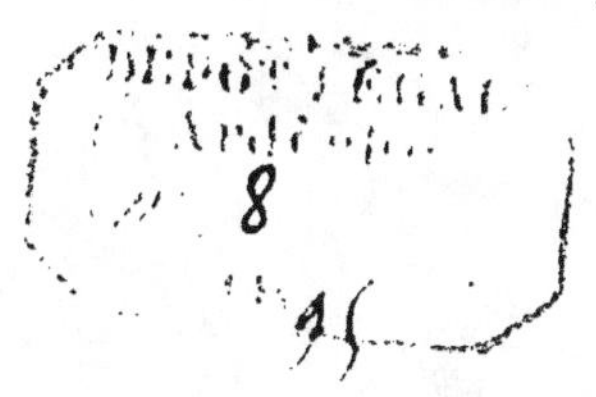

L 44
Lb 6
1521.

HUYOT. S.

Marius LÉTY

BONAPARTE

A

VALENCE

*(Avec portrait du lieutenant Bonaparte,
d'après le tableau de Greuze)*

TOURNON

Imprimerie et Lithographie L. Boyer

1895

BONAPARTE

A

VALENCE

« J'ai un secret presseniment que
« cette île (la Corse) un jour étonnera
« le monde ».   J. J. ROUSSEAU.

(*Le Contrat Social*)

Mon intention n'est pas de présenter au lecteur l'empereur Napoléon, ni même le général Bonaparte, que tout le monde connaît. Mon cadre est plus restreint. Il n'est point fait pour un tableau, tout au plus pour une modeste gravure où les traits sympathiques du lieutenant d'artillerie ont cette grâce juvénile de la fleur qui précède le fruit.

Et puis, s'imagine-t-on un homme, à Valence, s'extasiant devant le Rhône, voulant faire partager son admiration à ses concitoyens : « Beau fleuve ! Fleuve majestueux ! Colosse des fleuves !... »

N'est-il pas préférable de leur montrer, à sa source,

le Rhône préludant, entre deux roches solitaires, à
ces premiers bégaiements, voilés comme un murmure,
et qui, plus loin, se changent en voix formidable que
chacun est à même d'entendre ? N'y a-t-il pas pour
eux un enseignement saisissant dans ce mince filet
d'eau aujourd'hui, et qui demain battra de ses vagues
puissantes les arches des ponts, les quais des grandes
villes, sillonnées de bateaux à vapeur, et déposant le
long de leurs rives la richesse, le mouvement, la vie...,
dans ce mince filet d'eau dont la destinée est d'être le
grand fleuve — comme le lieutenant Bonaparte marqué par la Providence pour être le grand Napoléon ?

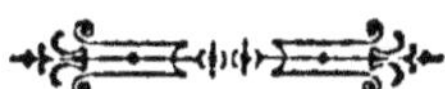

PREMIÈRE PÉRIODE

Octobre 1785 — Août 1786

— Mademoiselle, pourriez-vous m'indiquer la de-
meure de Mademoiselle Bou ?

Celui qui s'exprimait ainsi était un jeune homme
d'environ dix-sept ans, au teint légèrement olivâtre,
à l'œil expressif, aux traits amaigris, portant cavaliè-
rement l'uniforme de lieutenant d'artillerie.

C'était Bonaparte qui, nouvellement muni de son
brevet de lieutenant en second, venait, de Paris,
rejoindre, à Valence, le régiment d'artillerie de la
Fère.

Cela se passait au commencement d'octobre 1785.

— Monsieur, répondit la jeune fille interrogée, vous
traverserez la place des Clercs que voici, et la deuxième maison à votre gauche, formant angle de la rue
du Croissant et donnant sur la Grand'Rue, sera celle
que vous cherchez.

Bonaparte remercia en saluant et s'éloigna, tandis
que son interlocutrice, tirant de son côté, lui jeta à
la dérobée un regard où se lisait cette bienveillance
qui a tant de charme dans les yeux d'une femme.

Sans être un Antinoüs et sans annoncer cette
beauté antique qui éclatera, vingt ans plus tard,
ainsi que le constatent les médailles impériales,
Bonaparte avait des traits d'une expression remar-

quable, et voici le portrait que l'on traçait de lui à cette époque :

« Petit de taille, mais droit et svelte, il portait dans son maintien un mélange de décision, de brusquerie et de gravité, qui empêchait de voir en lui un jeune homme vulgaire. Sa tête, beaucoup trop grosse pour sa taille, réparait ce défaut, commun du reste dans sa famille, par le plus large et le plus noble front, un œil d'aigle, et une bouche qui, dans la bienveillance, avait un charme inexprimable, et, dans la colère, une beauté terrible. Tous les orages intérieurs flamboyaient dans ce regard étincelant, et déjà, comme sur le trône, toutes les séductions étaient réunies dans ce caressant et spirituel sourire ». (1)

Quant à ses mains, nous apprend Mme d'Abrantès, « la plus coquette des femmes s'en serait enorgueillie, tant la peau qui recouvrait des muscles d'acier et des os de diamant était souple et blanche ».

Divers jugements ont été portés sur son caractère : les uns l'ont faussé et dénaturé, en représentant ce jeune homme, presqu'un enfant alors, en pédant guindé débitant des maximes politico-humanitaires que n'aurait pas désavouées Sancho Pança, tandis que les autres en font un muscadin poudré, frisé, pomponné, fleuretant de femme en femme. Il n'était ni l'un ni l'autre, mais d'un tempérament ardent, enthousiaste, passant subitement de l'enjouement à la réserve, avec une teinte de timidité un peu sauvage,

---

(1) Salvandy, de l'Académie. *Dictionnaire de la Conversation et de la Lecture*, 13e livraison.

comme on est à dix-huit ans, surtout lorsque, dans les veines, bouillonne le sang impétueux des races méridionales.

Mais, malgré cette fougue de nature, telle était la puissance qu'il avait déjà sur lui-même, que, pendant les dix-huit mois qu'il séjourna .. Valence, à deux reprises, il ne figura pas une seule fois sur le tableau des officiers censurés. Cette volonté, rigide comme l'acier le mieux trempé, il sut la pétrir, la façonner aux exigences de la discipline militaire, parfois tracassière, absurde, injuste même. Fait pour commander plus tard, il comprenait instinctivement que, pour se faire obéir, il devait commencer par obéir lui-même, mérite d'autant plus grand chez un homme de génie, que le joug de la discipline militaire qui pèse sur lui est autrement lourd que sur une âme vulgaire.

D'abord logé par billet chez Mlle Bou qui tenait un café, Bonaparte ne tarda pas à s'entendre avec cette personne qui lui loua une chambre meublée au deuxième étage de l'immeuble, dont les croisées s'ouvraient sur la Grand'Rue, presqu'en face de la maison des Têtes, remarquable par sa façade couverte de sculptures et de statues dans le style énorme et grimaçant du Moyen-Age, dont on voit encore des vestiges, mais qui vont s'effritant sous l'aile du Temps.

Tandis qu'accoudé à sa croisée, le jeune lieutenant considérait ces ruines d'un autre âge, se doutait-il qu'un jour viendrait où le modeste logis qu'il occupait serait, de la part des étrangers, un objet de respectueuse curiosité ?

La maison de Mlle Bou, devenue plus tard propriété de M. Fiéron, c'est à ce dernier qu'arriva la plaisante aventure à laquelle donna lieu la visite de deux Anglais qui, sous la Restauration, de passage à Valence, voulurent visiter la chambre qu'avait occupée Napoléon. S'étant présentés de bonne heure, ils prièrent la domestique qui leur avait ouvert, de leur montrer la fameuse chambre de Napoléon.

— Il n'est pas encore levé, répondit cette fille.

Les deux Anglais se regardèrent comme se regardent... des Anglais.

— Pas levé ! firent les insulaires, dans leur baragoui ., mais il est mort depuis longtemps !

— Mort ! Ah ! par exemple ! reprit la brave servante, il se porte mieux que vous.

— Messieurs, dit M. Fiéron, se présentant, en train de s'habiller, et qui avait entendu le colloque, Messieurs, cette fille a raison, et vous avez Napoléon devant vous.., seulement, c'est Napoléon Fiéron.

M. Fiéron portait le prénom du grand homme.

Jusqu'en 1871 on a pu voir sur la façade de cette maison une plaque en marbre relatant en lettres d'or le séjour de Bonaparte à Valence. Cette plaque a disparu pour donner satisfaction aux susceptibilités bêtes de la politique. Et dire qu'un jour viendra où tout ce qui aura approché Napoléon, tout ce qui aura été touché par lui sera disputé comme relique, comme les visiteurs, à Sainte-Hélène, se disputent les feuilles du saule qui ombrage sa tombe. Ce jour n'est-il pas venu ? Mais retournons à Bonaparte.

Le jeune lieutenant, qui étai recommandé à M. de Tardivon, abbé de Saint-Ruf, ne manqua pas, dès les premiers jours de son arrivée à Valence, d'aller faire une visite à son protecteur qui le reçut avec une grâce charmante. Subissant cette séduction que le conquérant devait plus tard exercer d'une façon si intense sur tous ceux qui l'approchaient, M. l'abbé, qui se plaisait dans la société et à la conversation de Bonaparte, l'admit assidument à ses soirées et à ses soupers. Il fit mieux, il l'introduisit dans le monde. Voilà notre lieutenant lancé.

S'il y a le monde où l'on s'ennuie, il y a aussi le monde où l'on s'amuse, et dans le monde où l'on s'amuse, l'on danse.

Bonaparte ignorait le premier pas de la science chorégraphique de Vestris. Pour parler net, il ne savait pas danser. En pareil cas, on s'adresse à un professeur en cet art. C'est ce qu'il fit.

Il y avait alors à Valence un maître de danse, du nom de Dautel, qui, moyennant un prix abordable, enseignait le menuet, les battus et autres ronds de jambe à la jeunesse dorée des deux sexes. M. Dautel était un brave homme, très consciencieux dan son art. Grâce à lui, Bonaparte put bientôt se tirer tant bien que mal des pas coupés, chassés ou glissés, qui n'en sont pas moins, parfois, de mauvais pas pour celui que la nature n'a point doué d'aptitudes spéciales. Et la vérité m'oblige à confesser que, sous ce rapport, le jeune lieutenant d'artillerie n'était pas un danseur remarquable.

Sur ce chapitre, M. Frédéric Masson, dans *Napo-*

léon chez lui, nous fournit des renseignements qui ne manquent point d'intérêt. Bonaparte, nous apprend M. Masson, ne dansait que dans l'intimité, et ordinairement des contredanses. La valse l'étourdissait. Ce qu'il préférait, c'était le *Grand-Père*, une sorte de cotillon de l'époque, ou mieux un amusement de société, qui débutait par une promenade que prolongeait à son gré le couple conducteur, se continuant par des figures ordonnancées par le dit couple, la danseuse dans un fauteuil, les danseurs à genoux autour d'elle et formant au-dessus de sa tête un berceau avec leurs bras, lui débitant toutes les jolies choses, tous les marivaudages qui leur venaient à l'esprit. On était assuré d'avoir Bonaparte quand on devait danser le *Grand-Père*.

— Je reviendrai pour le *Grand-Père*, disait-il en souriant. Et il était rare qu'il ne tint pas sa parole. C'est donc à tort qu'on a représenté Napoléon comme un homme universel : il n'était qu'un médiocre danseur. Voilà qui va faire plaisir à ses détracteurs.

Quant à Dautel, retiré des « affaires », il occupa, plus tard, un modeste emploi à la direction des postes de Valence. La danse, généralement parlant, n'a qu'un temps, bien que la valse en ait plusieurs, et il vient un âge où les muscles n'ont plus la même souplesse, faute de cette huile qui s'appelle la jeunesse. Vers 1808, dans une situation pécuniaire peu aisée, il se souvint de son auguste élève, et il lui adressa le placet suivant qui ne manquait pas d'esprit pour un ancien maître de danse :

« Sire,

« Celui qui vous a fait faire le premier pas dans le

« monde, se recommande à votre générosité ».

L'empereur s'empressa de nommer son introducteur dans le monde, contrôleur des Droits-Réunis. Le brave homme n'occupa ce poste que quelques mois. Il s'éteignait le 1er janvier 1809.

L'honnête et modeste Dautel était moins présomptueux que son collègue de Paris, Marcel, le fameux maître de danse, qui donnait des leçons au jeune Malesherbes, lequel fut plus tard chancelier et l'avocat du malheureux Louis XVI. Marcel prétendait connaître les aptitudes d'une personne, son caractère, ses qualités intellectuelles et morales, rien qu'en la voyant marcher, à plus forte raison danser. Malesherbes, comme Bonaparte, était rebelle aux entrechats et aux flics-flacs, à tel point que le professeur s'en ouvrit au père de son élève en termes aussi pompeux que le pas dansé par David devant l'Arche-Sainte : « Monsieur le président, lui dit-il, je dois à la confiance dont vous avez daigné m'honorer, de venir vous déclarer, non seulement que monsieur votre fils ne dansera jamais bien, mais encore qu'il est incapable de réussir, ni dans la magistrature, ni dans l'armée, et qu'à la manière dont il marche vous ne pouvez raisonnablement le placer que dans l'Eglise ».

Le perspicace Marcel eût certainement pronostiqué à Bonaparte qu'il finirait ses jours dans une modeste cure de campagne.

Entr'autres maisons où l'abbé de Saint-Ruf avait introduit son protégé, il faut citer celle de Mme Grégoire du Colombier qui habitait la campagne, au quartier de Basseaux situé à 12 kilomètres au sud-est de Valence, à 2 kilomètres 1/4 au nord-ouest d'Etoile, et à 1 kilomètre environ au nord-est du relais de poste (à cette époque) de la Paillasse.

Mⁿᵉ du Colombier apprécia bien vite les qualités de Bonaparte, son caractère enjoué et sérieux tout à la fois, et surtout la solidité de son instruction qui tranchait sur celle des jeunes gens de son âge, dont la frivolité forme ordinairement le fonds.

Elle prit en amitié le jeune homme, et dans cette amitié entrait cette nuance qui lui donne tant de charme, l'affection maternelle. Mⁿᵉ du Colombier rappelait à Bonaparte sa mère absente. C'est dire que ce dernier ne tarda pas à être de la maison. Il y venait souvent.

Il y venait, attiré par les bontés de son hôtesse — et il y voyait Mˡˡᵉ du Colombier, qui était une charmante et gracieuse jeune fille, à peu près de l'âge de Bonaparte.

Le printemps de 1786 touchait à sa fin, et les premiers rayons du soleil de floréal rougissaient les cerisiers. La campagne autorise un laisser-aller, une familiarité que n'admet pas la pruderie des salons de la ville. Les deux jeunes gens mettaient à profit cette permission tacite pour faire de fréquentes et longues visites au verger complanté principalement de cerisiers. Ils y étaient nombreux et de belle venue, un surtout, énorme, qui fut le dernier survivant, et dont on montrait encore en 1830 le tronc aux visiteurs, curieux de voir les lieux témoins de la fraîche et poétique idylle entre l'homme qui devait bientôt être le maître du monde, et une aimable enfant dont la destinée n'était pas de laisser après elle une trace aussi éblouissante que celle de son illustre compagnon. Mais elle a laissé un souvenir empreint d'une fraîcheur exquise, et le cœur de Napoléon a dû en être parfumé plus tard, lorsque viennent les heures sombres, et que notre pensée, avec l'espoir d'y trouver un apaisement, remonte le fleuve des jours qui ne sont plus.

On voit à Basseaux un portrait de Mlle du Colombier. C'est une brune splendide, avec une carnation blanche et rosée, sous laquelle on devine un sang généreux et une santé florisante. Des yeux noirs, largement ouverts, reflètant la franchise, de forme un peu ronde, ce qui leur donne une certaine vivacité qu'aiguisent encore des cils bien dessinés et admirablement fournis, mais que tempère une bouche aux lèvres un peu épaisses, voluptueusement moulées en cœur et respirant une charmante bonhomie. Une abondante chevelure noire forme une auréole à son front d'un modelé parfait. La poitrine est découverte, comme le voulait la mode de l'époque, et dans les blancheurs satinées de la peau monte le corsage de velours noir taillé en pointe. Il n'y a rien d'altier, rien d'impérial dans cette figure ; elle est au contraire imprégnée de cette beauté troublante, d'autant plus irrésistible qu'elle vous attire comme un sourire, comme tout ce qui est franc et sincère. On comprend sans peine que Bonaparte, dès le premier jour, ait subi le charme de ces yeux si franchement ouverts, lui dont la finesse native lui permettait de démêler les pensées dans ce miroir de l'âme. N'y lisant que

la droiture et la bonté, il s'est abandonné aux impul-
sions de son cœur, semblable au nageur se livrant,
plein de confiance, aux flots d'azur qui ne cachent
aucun gouffre.

Une autre gravure qui est la reproduction d'un tableau, représente Bonaparte assis en pleine campagne, sur un banc de pierre. A côté, Mlle du Colombier ayant sur ses genoux une poignée de cerises.
A quelques pas, dans le fond, un groupe de
cèdres formant comme un éventail au-dessus de leur
tête, avec des envolées de branches dans le ciel bleu.
Les deux jeunes gens se tiennent par la main. On
voit, à leur physionomie, que le sujet de l'entretien
n'a rien de futile. Il se dégage de ce tableau une
rêverie étrange qui saisit le spectateur. On croit as-
sister à une scène orientale décrite par Châteaubriand,
et Bonaparte, avec son profil de camée antique, son
regard empreint d'une calme mélancolie, fait songer
involontairement au dernier Abencerage parlant de
sa patrie et de ses dieux à la fille de don Rodrigue.

Enfin, dans une deuxième pièce, une gravure de
l'époque, entourée d'un cadre doré, nous montre Napoléon, à cheval, parvenu à l'apogée de sa puissance. Ce n'est pas une supposition téméraire de
dire que ce portrait a été placé là par Mlle du Colombier, quand elle eut épousé M. Garempel de Bressieux, heureuse, dans son orgueil de femme, bien lé-
gitime du reste, d'avoir été distinguée par celui qui
était alors le vainqueur du monde.

Les cerises n'attirent pas seulement les moineaux ;

elles attirent aussi la jeunesse dont elles sont l'image, précédant les autres fruits et passant vite comme nos premières années.

Que les cerises aient exercé un puissant attrait sur Bonaparte et Mlle Caroline du Colombier, ou qu'elles n'aient été qu'un prétexte à entrevues, une occasion d'échanger un tendre regard, une furtive pression de mains, qu'à la rigueur autorisait la cueillette du fruit à chair vermeille, toujours est-il que les deux jeunes gens avaient un extrême plaisir à se voir. Ils formaient un couple charmant, elle, gracieuse et légère comme un oiseau, dans sa robe de couleur claire, que l'on portait beaucoup à cette époque ; lui, d'une gaîté plus grave et même un peu timide, dans son uniforme aux tons sévères.

Forcément, dans cet encadrement d'arbres piqués de fruits rouges, ce tableau évoque celui de Rousseau cueillant aussi des cerises en compagnie de Mlles Galley et de Graffenried — si ce n'est que Rousseau était... Rousseau, et que cueillir des cerises à trois doit être aussi ennuyeux que de cueillir des fraises à trois, du moins, c'est la chanson qui le dit.

Ce n'est cependant pas une raison pour pousser les choses à mal, parce que Bonaparte et Mlle du Colombier n'avaient, la plupart du temps, personne en tiers dans leurs entrevues.

Bien que plusieurs romanciers aient laissé courir leur imagination sur ce canevas ; bien qu'ils aient brodé, en style de la *Nouvelle Héloïse*, des épisodes où la fantaisie a plus de part que la réalité, je le répète, les « amours » de Bonaparte et de Mlle du Colombier n'ont été qu'une idylle champêtre, au temps des cerises, comme presque tous nous en avons eues.

Basseaux, la campagne qu'habitait Mme du Colombier, est situé au milieu d'une vaste plaine complantée de vignes, de mûriers, de noyers, qu'alternent de vastes champs de blé. Le domaine, aujourd'hui un des plus considérables de la commune d'Etoile, a été successivement agrandi.

De la façade principale de la maison, exposée au levant, avec un seul étage, on distingue nettement les montagnes de l'Ardèche : la tour de Soyons à gauche, et, sur la droite, le pic de Crussol profilant sa silhouette dans l'azur des matins clairs ou dans les brumes hachées d'or du soleil à son déclin. Au couchant, derrière soi, là-bas, au loin, coule le Rhône invisible, ma s trahi, en hiver, par le ruban mobile des brouillards qui s'élèvent de ses flots ; pendant que, de temps en temps, un peu plus rapproché, le chemin de fer de Paris à Marseille, également invisible en été, glisse en siflant derrière le rideau des arbres feuillus. De ce côté, pas d'horizon, sinon un ciel bas qui ne tarde pas à rejoindre la terre.

Basseaux est aujourd'hui une grosse ferme d'exploitation formant un vaste corps de bâtiment où de nouvelles constructions sont venues se greffer aux anciennes. Dans la cour primitive on voit les traces d'un cadran solaire, veuf de ses chiffres et de son aiguille, mais avec cette inscription qui a résisté aux ravages du temps : *Cousel, philosophe austère, 1778.* Les « artistes » de ce temps-là aimaient à s'affubler de sobriquets, et il est à supposer que Cousel, le Breguet des chronomètres célestes, devait être un fidèle adepte de Rousseau et de Voltaire, pour afficher ainsi l'austérité de sa philosophie sur les murs.

Ce cadran, Mlle du Colombier a dû le consulter bien des fois lorsque Bonaparte devait venir à Basseaux, et leur regard à tous les deux s'est arrêté sur le style dont l'ombre, en s'allongeant vers la terre, marquait l'heure de la séparation.

Le fameux verger, témoin des entretiens de Bonaparte et de Mlle du Colombier, séparé de la maison par une vaste allée où s'élèvent encore quelques rares mûriers, le verger s'étendait dans la direction du levant et venait aboutir, en contre-bas, au pied de la route d'Etoile à Valence. Je dis s'étendait, car aujourd'hui ce n'est plus qu'un terrain inculte qui ferait la joie des herbes parasites si la moindre goutte d'eau venait rafraîchir leurs racines altérées. Ce qu'il y a de particulier à Basseaux, c'est que l'eau y fait absolument défaut : pas la plus petite source, pas le moindre suintement. Rien, une sécheresse morne. Et comme je manifestais mon étonnement de ce que, dans ces conditions, le potager et le verger aient pu fournir des légumes et des fruits, on me montra, dans la partie élevée, dissimulé par un bouquet de cèdres magnifiques, un immense bassin à sec qu'alimentait une pompe actionnée par un moulin à vent.

Le moulin n'existe plus, et les débris de sa charpente gîsent dans les broussailles roussies par le soleil implacable.

Ironie du destin! Les bassins, ordinairement, supposent des poissons. Le nôtre avait pour hôte un malheureux petit poulet que son imprudent amour des aventures avait attiré là et qui n'en pouvait plus sortir. Depuis combien de temps errait-il en rond, cherchant une issue à sa prison, grillé par un soleil à cuire des œufs d'autruche, abandonné des coqs et des cuisinières, assuré de terminer obscurément et misérablement son existence dans un bassin à sec, rarement visité des mortels — depuis combien de temps durait son supplice ? Je l'ignore, mais certainement il me dût la vie, sinon à moi, du moins à la curiosité qui m'avait poussé du côté de sa misère — et le soir, très probablement aussi, ses jours s'éteignaient dans la crépitation de la poêle à frire, noyés dans une sauce Marengo. Sa délivrance causa sa mort. Ironie du destin !

Quant aux légendaires cerisiers, pas la moindre trace, et les moineaux, petits-fils de ceux de 1785, sont dans la désolation, pleurant les beaux jours disparus de leurs pères.

Malgré cela, une certaine fraîcheur règne autour de l'habitation, grâce à des plantations d'arbres au moins séculaires qui l'enveloppent presqu'entièrement, formant un gigantesque écran qui l'abrite des ardeurs du soleil. C'est surtout la salle d'ombrage, au nord de la maison, qui attire les regards, tellement les arbres rapprochés et d'un développement luxuriant font de cette retraite à l'écart un lieu de tranquille repos, de méditation ou de charmante causerie.

Basseaux, tel qu'il est, abandonné exclusivement à

l'exploitation rurale, a néanmoins grand air. De l'eau dérivée du canal de la Bourne qui coule à peu de distance, quelques transformations avec le confortable moderne, suffiraient à lui donner une tournure tout-à-fait aristocratique.

Par exemple, il n'y faut pas chercher du pittoresque. S'ensuit-il que Basseaux soit sans physionomie, sans poésie, parce qu'on n'y rencontre pas des cascades écumantes, des ponts jetés sur des précipices, un horizon accidenté de côteaux ?... Nullement. Seulement, c'est une poésie calme, un peu bourgeoise, la poésie de la vie réelle, des terres de bon rapport, des grasses moissons et des plantureux pâturages, qui, à tout prendre, vaut bien la poésie romanesque.

Et puis, la poésie n'est-elle pas partout ? Ne se dégage-t-elle pas de ces lieux où Bonaparte a laissé un souvenir désormais impérissable, que la photographie s'empresse de reproduire, que les écrivains mentionnent dans leurs récits, et qui, avec le temps, prendront de plus en plus du relief ? Tels lieux sont aujourd'hui célèbres parce qu'ils sont imprégnés de l'existence des personnages illustres qui les ont habités. Retranchez Laure et Pétrarque, et vous enlevez à la Fontaine-de-Vaucluse sa renommée.

La poésie ne se voit pas seulement avec les yeux du corps, mais aussi avec ceux de l'âme. Myopes sont ceux qui n'en aperçoivent point à Basseaux. Moi, j'y vois Bonaparte et Mlle du Colombier passant et repassant à travers les éclaircies de lumière et d'ombre, formées par le soleil criblant les cerisiers de ses flèches d'or.

Une étude historique, publiée en 1842 dans le *Courrier de la Drôme*, nous apprend que Bonaparte n'était pas seul à courtiser Mlle du Colombier. Il avait pour rivaux trois de ses collègues, comme lui lieutenants en second, MM. de Menoir, Hermet de Vigneux et Raget de Fontanille, qui auraient été congédiés. Toujours, d'après l'auteur de cette étude, Bonaparte aurait été lui-même évincé au profit de M. Garempel de Bressieux. Or, ainsi qu'on le verra plus loin, M. Garempel épousa Mlle Caroline du Colombier le 31 mars 1792, c'est-à-dire six ans après le départ du lieutenant d'artillerie pour Lyon, à la suite de son premier séjour à Valence, époque des « premières amours » de Bonaparte avec Mlle du Colombier. Quand il y revint, après une absence de cinq ans, pour en repartir au mois d'octobre 1791, ces amours ne battaient plus que d'une aile, si toutefois même elles battaient encore. L'amoureux n'a donc pas dû être évincé ; je crois plutôt qu'il s'est évincé lui-même, et quand M. Garempel s'est présenté, la place était absolument libre. Ce qui autorise cette supposition, ce qui la change même en certitude, c'est que, plus tard, M. Garempel et sa femme (Mlle du Colombier) furent comblés des faveurs de l'empe-reur. Est-ce là la conduite d'un amoureux évincé ? surtout quand cet amoureux est un Corse qu'on nous représente d'une susceptibilité extrême et jaloux comme un Maure. Je sais bien qu'un roi de France a dit qu'il oubliait les injures à lui adressées pendant qu'il était prince, mais il y a injure et injure, et les blessures du cœur sont autrement sensibles que celles faites à l'amour-propre.

Le lieutenant d'artillerie ne fut donc pas évincé, ainsi que se plaît à le dire, sans preuve, l'auteur du roman. Et si je ne craignais de manquer de galanterie à la mémoire d'une charmante femme, je croirais que c'est plutôt le contraire, ne voyant dans les faveurs accordées à M. et Mᵐᵉ Garempel qu'une de ces délicatesses destinées, dans la pensée de l'empereur, à se faire pardonner le lieutenant. Mais j'aime mieux me persuader qu'il y a eu évincement mutuel, graduel, sans secousse, provoqué par une absence de cinq ans, succédant, disons-le mot, à une amourette de jeunesse, à un de ces feux de paille aussi vite éteints qu'ils ont été rapides à allumer, et non à une de ces passions qui jettent dans notre cœur de si profondes racines, qu'à vouloir les en arracher, le cœur vient avec.

Ces lignes étaient écrites quand j'ai eu connaissance d'un document que vient de publier M. Frédéric Masson dans la *Revue de Paris*. Ce document, écrit de la main de l'empereur, enfoui avec d'autres papiers dans un carton, après avoir subi une bizarre destinée, n'a attiré l'attention que vers 1880, et c'est seulement aujourd'hui qu'il est livré à la publicité. C'est un dialogue, en 1791, entre Bonaparte, alors lieutenant à Valence, et un de ses amis, le chevalier des Mazis, qui fut plus tard son chambellan. L'amour est le sujet de l'entretien, et le chevalier des Mazis, qui est sous l'influence de cette passion, en vante les délices à son camarade qui lui répond :

— « Moi aussi j'ai été amoureux (voulait-il faire allusion à Mlle du Colombier et aux premières cerises ?), mais je crois que l'amour est nuisible à la société, au bonheur individuel des hommes...

Et comme son interlocuteur se récriait, Bonaparte reprend :

— « Mais, chevalier, voyez votre position. S'il fallait défendre la patrie attaquée, que feriez-vous ? A quoi êtes-vous bon ? Confiera-t-on le bonheur de vos semblables à un enfant qui pleure sans cesse, qui s'alarme ou se réjouit au seul mouvement d'une autre personne ? Confiera-t-on le secret de l'Etat à celui qui n'a point de volonté ?

— « Eh ! que m'importe l'Etat et ses destinées ! s'écrie le chevalier, emporté par la fougue de sa passion.

— « Ah ! chevalier, que vous importe l'Etat, vos concitoyens, la société !... Voilà bien les suites d'un cœur relâché, abandonné à la volupté, et sans force... »

Si je reproduis ces citations, qui me donnent complètement raison, c'est pour démontrer que, jusqu'à cette époque, l'amour avait pu occuper l'imagination de Bonaparte, mais n'avait point entamé son cœur. Il était à cette période de la vie où deux enchanteresses se disputent l'homme, le précédant, comme les joueurs de flûte précédaient les triomphateurs romains, et cherchant à l'attirer, chacune dans son chemin, l'une sous les traits de la Volupté, l'autre sous les traits de la Gloire. Il préféra suivre la seconde. La première l'eût paralysé, car, ainsi qu'il le dit très bien, de quoi peut être capable un homme « qui se réjouit ou s'alarme au mouvement d'une autre personne ? »

Je le répète, ce fut une idylle, et elle fut courte. Avec Bonaparte il devait en être ainsi. Le véritable homme d'action ne doit être sentimental que juste ce qu'il faut pour ne pas perdre de vue les destinées vers lesquelles il se sent attiré.

Quant à dire qu'il a passé à Basseaux à côté de son bonheur sans le voir, c'est autre chose. Oui, pour certaines natures, le bonheur était là ; pour d'autres, non. Un aigle n'est point fait pour roucouler dans la cage dorée des tourterelles.

De même l'on s'est trompé sur son compte, lorsqu'il manifesta l'intention d'acheter une propriété dans les environs de Montélimar, où l'on crut qu'il voulait se fixer, à la suite de contrariétés qu'il éprouva de la part du représentant Aubry qui, le trouvant trop jeune pour remplir le poste de commandant en chef de l'artillerie de l'armée d'Italie, où il avait été nommé, le retira de cette arme pour le placer dans l'infanterie et l'envoya à l'armée de l'Ouest, dans la Vendée.

Cela se passait vers la fin d'avril 1795. Arrivé à Montélimar, il admira la beauté et la fertilité de la plaine qui entoure cette ville, et il demanda s'il n'y avait pas quelque propriété à vendre. M. Chabaud, maître de poste, lui indiqua le domaine de Beauserret, à trois kilomètres de Montélimar, que son propriétaire était disposé à céder à des conditions très avantageuses. Bonaparte alla visiter la terre. Elle lui plut, et le voilà rêvant défrichement et exploitation rurale.

Il y a comme cela, dans la vie, même chez les natures peu faites pour le bonheur tranquille des champs, des moments où l'on subit la griserie des prairies et des bois, de l'odeur des foins coupés. Toute cette poésie de ruisseau, de taillis, de feuillage, de javelle, vous monte au cerveau. On suit d'un œil attendri la bergère qui paît son troupeau au flanc de la colline ; on aime à se reposer avec le faucheur appuyé sur le manche de sa faulx; la faucille du moissonneur s'embellit des reflets qui faisaient étinceler la serpe d'or des druides récoltant le gui sacré — et, fatigué, écœuré du bruit de la ville, de sa poussière, des cheminées noircies de ses usines, en se prend à soupirer :

Heureux l'homme des champs s'il connaît son bonheur !

Ordinairement, cela vous vient après la lecture d'une églogue de Virgile. Tityre et le hêtre !...

Bonaparte était-il dans un de ces moments-là quand il passa à Montélimar ? Songeait-il à être propriétaire, planteur de choux ? Se voyait-il déjà jardinant, sarclant, émondant, surveillant ses laitues, un arrosoir dans chaque main ? Je l'ignore, mais, en tout cas, le rêve fut court.

Au moment de signer l'acte de vente, Bonaparte apprit qu'un nommé Joseph Barthélemy, à qui avait appartenu précédemment la propriété, y avait été assassiné, le 26 juin 1792, dans la cuisine de l'habitation, d'un coup de hache à la tête, par son fils

André, à la suite d'une discussion d'intérêt, meurtre pour lequel ce fils dénaturé fut condamné à mort, à Valence, le 22 août suivant. Bonaparte rompit subitement le marché, ne voulant plus entendre parler de rien, et telle était son émotion, à la pensée qu'il aurait pu reposer sous le toit qui avait abrité un parricide, qu'il revint précipitamment à Valence, répétant, dans son indignation : « O Révolution ! combien tu as enfanté de crimes ! »

Le rêve était fini : adieu veau, vache, cochon, couvée — et les arrosoirs avec.

Il ne devait pas, il ne pouvait pas en être autrement. Bonaparte hobereau campagnard, en sabots et en large chapeau de paille, c'était l'équilibre européen renversé, la civilisation retardée de plusieurs siècles. Sa mission n'était pas de semer du blé, mais de jeter au vent, des idées qui ont germé aux quatre coins du monde.

Il faut bien dire aussi, pour ne pas s'écarter de la vérité historique, que si Bonaparte songeait à l'acquisition d'un bien foncier, c'était en vue d'un placement d'argent et pour échanger les assignats qu'il possédait et dont la valeur tombait de jour en jour, contre une bonne et solide maison entourée de terres productives, autrement sérieuses que les papiers de la République, qui n'allaient pas tarder à équivaloir à des feuilles sèches. Mais, ainsi qu'on l'a vu, plutôt que de retirer le prix du sang, Bonaparte aima mieux garder ses assignats.

Nous voici loin de Basseaux où j'ai laissé le lecteur.

J'y reviens pour dire que les visites aux dames du Colombier ne faisaient pas négliger à Bonaparte des fréquentations d'un ordre plus élevé.

Un jour qu'il causait religion avec Mgr de Grave, évêque de Valence :

— Mon fils, lui dit le pieux prélat, quelle précieuse récompense, un trône dans le ciel !

— Oui, répondit Bonaparte, qui alors ne visait pas si haut, mais, en attendant, je voudrais bien passer capitaine.

C'est M. François de Sucy de Clisson, un Valentinois, qui l'avait fréquenté et qui répondit, quelques années plus tard, à un ami désireux de connaître l'opinion qu'il avait sur Bonaparte dont la réputation et les exploits étaient en train de faire le tour du monde :

« A un homme comme Bonaparte, disait M. de Sucy, la destinée n'a marqué aucune autre limite que le trône ou l'échafaud », et non le trône *et* l'échafaud — ce qui est bien différent — ainsi que se plait à le dire Mme la baronne de P...., de Valence, dans son livre *Mes Souvenirs* (1).

Malepeste ! M. de Sucy n'était pas pour les moyens

___

(1) Dans ce livre, Mme la baronne adresse un sanglant reproche au jeune lieutenant qu'elle accuse d'égoïsme, parce qu'il n' « était pas capable de travailler pour d'autres que pour lui-même, ni de mettre des bornes à son ambition ». C'est bien vrai que l'on est étonnant dans ce qu'il est convenu d'appeler le « grand monde » ! Aussi, pourquoi Bonaparte, au lieu de songer à lui, n'a-t-il pas songé à Louis XVIII, en travaillant à reculer les bornes de l'ambition de ce monarque ? Voit-on Bonaparte se faisant le brosseur de sa majesté future le comte de Provence ! C'eût été pour le moins grotesque. Dans la démocratie, Madame la baronne, chacun travaille pour soi.

termes, comme l'on voit. Le trône ou l'échafaud ! Heureusement que sa prophétie s'est réalisée du bon côté.

En attendant de monter sur le trône ou sur l'échafaud, Bonaparte allait prendre régulièrement ses repas à l'hôtel des *Trois Pigeons*, tenu par un sieur Geny, et situé rue Perollerie — dans la maison occupée aujourd'hui par Mme veuve Aymond, portant le numéro 5. C'était là que mangeaient avec lui les lieutenants de son régiment.

L'hôtel des *Trois Pigeons*, tenu ensuite par un nommé Raymond, est, ainsi que je viens de le dire, la propriété de Mme Aymond qui, avec une extrême complaisance, m'a fourni plusieurs renseignements relatifs à la transformation de l'immeuble, aujourd'hui maison bourgeoise. Les boiseries et placards de la salle où mangeaient les officiers du régiment de la Fère ont été utilisés dans une autre pièce. Dans la cour on voit encore l'auge en pierre d'environ deux mètres cinquante de long, où Bonaparte abreuvait ses chevaux. Cette maison, presqu'adossée à celle de Mlle Bou, dont elle n'est séparée que par la ruelle du Croissant, qui contourne, ainsi que l'indique son nom, possédait et possède encore une large ouverture donnant sur la dite rue du Croissant qui conduit elle-même à la Grand'Rue, de sorte que le lieutenant d'artillerie n'avait que quelques pas à faire pour se rendre à sa pension.

Dans une excursion qu'il fit à Rochecombe, en gravissant cette montagne de l'ancien Dauphiné, genre d'exercice qui lui plaisait beaucoup et qui s'alliait avec sa nature pleine d'activité, ii s'écria en respirant à pleins poumons l'air du ciel, plus vif que celui de la terre :

— Ah ! qu'il fait bon s'élever au-dessus de l'horizon !

Paroles qui se sont réalisées.

En juin 1786, en allant visiter la Grande-Chartreuse, il s'arrêta à Romans où il fit la connaissance d'un monsieur Lambert, homme de beaucoup d'esprit et qui devint son ami. M. Lambert était un habitué du café Coppin, sur la Grande-Place. C'était là que Bonaparte allait le demander, lorsque les loisirs que lui laissait son métier lui permettaient de pousser une pointe jusqu'à Romans dont les habitants lui montrèrent une grande fidélité pendant les évènements des Cent-Jours. Ils se rappelaient avec une certaine complaisance, mélangée d'orgueil, le jeune lieutenant qu'ils avaient vu au milieu d'eux et qui les avait séduits par ses manières simples et sans morgue.

En effet, plus tard, loin de répudier son origine, il se faisait gloire au contraire d'être un parvenu, ainsi que l'appelait dédaigneusement le roitelet de Prusse, sorti lui-même d'oiseaux de proie, les Hohenzolernn.

Un jour, qu'il présidait un congrès de souverains, parmi lesquels de hauts personnages politiques et autres, un prélat romain commit une erreur de date sur une question religieuse. Il la rectifia immédiatement. Étonnement du prélat ne pouvant comprendre sa compétence en semblables matières.

— Lorsque j'étais lieutenant d'artillerie à Valence, dit Napoléon...

Mouvement d'attention chez ses auditeurs.

— Oui, reprit-il en appuyant sur les mots, lorsque j'avais l'honneur d'être lieutenant d'artillerie...

Et il leur expliqua qu'il avait étudié la question au cours de ses lectures chez le libraire Aurel, fournissant une preuve de plus de la fidélité étonnante de sa mémoire, en même temps qu'il témoignait du peu de prix qu'il attachait aux mérites qui nous viennent de notre naissance.

Quant à M. Lambert, rien ne le désignait à l'attention de la postérité. Il a suffi que Napoléon l'ait touché de son amitié pour que le nom de ce galant homme survécut.

Bonaparte n'était pas un homme de café. La banalité des conversations que l'on y entend ne convenait pas à son génie rêveur. Il préférait les promenades au grand air, en pleine campagne, et parfois ses pas le conduisaient sur les bords du Rhône, à l'endroit où l'Isère se jette dans ce fleuve. C'était là qu'il voyait M. des Landes qui y possédait une maison de plaisance. Au retour, il aimait à se rafraichir dans un café de Bourg-lès-Valence, sur le quai, tenu par un nommé Marcelin.

C'est dans ces promenades solitaires qu'il prépara les premiers éléments de son *Histoire politique, civile et militaire de la Corse*. Et c'est vraisemblablement quelque temps après qu'il prit part au concours ouvert par l'académie de Lyon, sur ce sujet : *Quels sont les principes et les institutions à incul-*

quer aux hommes pour les rendre le plus heureux possible ?

« Le travail de Bonaparte était tellement remarquable, les pensées si élevées, si énergiques et si justes en même temps, et le style pour les exprimer, empreint d'une telle couleur orientale, que les juges n'hésitèrent pas à le classer hors ligne. Bonaparte n'avait pas encore dix-huit ans ».

M. Salvandy à qui j'emprunte cette citation, est en désaccord avec M. le baron de Coston qui, dans sa *Biographie des premières années de Napoléon Bonaparte*, fixe ce concours au 25 août 1791, ce qui supposerait 23 ans au candidat, alors que M. Salvandy dit formellement qu'il n'avait pas 18 ans quand il concourut.

Sur ces entrefaites, des troubles éclatèrent à Lyon, provoqués par les ouvriers en soie de la Croix-Rousse. Pour les réprimer, le gouvernement fit appel au deuxième bataillon du régiment d'artillerie en garnison à Valence, qui, le 12 août 1786, fut dirigé sur la première de ces deux villes.

Bonaparte eut à peine le temps de faire ses adieux à toutes les personnes dont il partageait l'amitié. Ceux de Basseaux furent touchants. Il y eut des promesses échangées, de ces serments dont on est si prodigue à l'heure du départ et quand on est jeune, des soupirs... Qui sait ! le mot toujours fut peut-être prononcé. Toujours ! ces deux syllabes dont on a tant abusé, qui sont l'équivalent de l'infini, alors que, bien souvent, quelques mois, mettons quelques années,

Sont la limite extrême à cette éternité.

DEUXIÈME PÉRIODE

Mai 1791 — Octobre 1791

— Si je pouvais passer capitaine ! disait Bonaparte à Mgr de Grave, évêque de Valence, vers les derniers jours de l'année 1785. Cinq ans et quelques mois plus tard, le 1er avril 1791, il n'avait pas encore les épaulettes de capitaine, mais il était nommé, à Grenoble, lieutenant en premier, et, au commencement du mois suivant, il rejoignait, à Valence, le 4me régiment d'artillerie.

Son premier soin fut de s'enquérir de son ancien logement de la Grand'Rue. La chambre lui plaisait, et il avait conservé un bon souvenir de son hôtesse, Mlle Bou, qui, de son côté, n'avait eu qu'à se louer des habitudes paisibles et rangées de son locataire. Dans ces conditions, on s'entend vite. Seulement, un obstacle s'opposait à l'installation immédiate. La chambre était alors occupée par le lieutenant Dedon. Force fut à Bonaparte de patienter, et Mlle Bou lui céda, en attendant, une autre pièce.

Cette fois, il n'était pas seul. Il avait avec lui son frère Louis âgé de treize ans, dont il faisait en quelque sorte l'éducation, trouvant le moyen de prélever, chaque jour, quelques heures sur ses nouvelles fonctions de directeur du parc de l'artillerie.

Habituellement, Bonaparte sortait avec Louis, et les anciens — qui l'ont conté — suivaient d'un œil charmé ces deux jeunes gens, dont l'aîné, malgré sa jeunesse, avait dans son allure, dans son regard, à l'égard du plus jeune, cette gravité de la sollicitude paternelle.

Ils allaient ainsi par les rues de Valence, le plus grand donnant la main au plus petit, faisant se retourner plus d'un piéton, tant ce couple fraternel présentait de simplicité, de naturel et de grâce. C'était surtout sur la place des Clercs, à deux pas du logement de Bonaparte, où se tenaient et où se tiennent encore revendeurs et revendeuses, c'était surtout chez ces braves gens du peuple que les deux frères avaient le plus de succès, parce que le peuple, avec cet instinct qui ne le trompe pas, est encore le meilleur juge dans les questions qui touchent aux choses du cœur. Dans les sphères élevées, ce sentiment est gâté par le décorum des convenances outrées.

L'énergie de caractère était une des qualités dominantes du jeune lieutenant d'artillerie. Au sujet de cette énergie, je lis dans l'étude publiée par le *Courrier de la Drôme*, que Bonaparte fut le héros, à Valence, d'un évènement malheureux, en se distinguant dans la répression du meurtre accompli sur la personne du commandant des Voisins, lâchement assassiné par une tourbe de scélérats, le 10 mai 1790. Nul doute qu'en la circonstance il eût montré la rapidité de décision et la fermeté d'exécution qu'il déploya plus tard, à Paris, lorsque les démagogues assiégeaient la Convention nationale ; mais, à l'époque citée plus haut, il n'était plus à Valence où il revint, pour la seconde fois, vers les premiers jours du mois de mai 1791. Il ne convient donc pas de lui attribuer des faits, quelque glorieux soient-ils, auxquels il est absolument étranger, d'autant plus que, sous ce rapport, il n'y a pas pénurie.

De même qu'il avait réintégré son ancien logis, de même il retourna à l'hôtel des *Trois Pigeons*, qui avait toujours pour titulaire le sieur Geny. Mais, tout premier lieutenant qu'il était, Bonaparte n'avait pas les moyens, comme son collègue de la *Dame Blanche*, d'acheter des châteaux sur ses économies. Il n'avait que la modeste paie de son grade pour vivre, lui et son frère. C'est ce qui explique que ce dernier, au lieu d'aller manger à l'hôtel des *Trois Pigeons*, partageait l'ordinaire moins coûteux de Mlle Bou. Le budget s'en trouvait d'autant dégrevé.

On comprendra que Bonaparte ne roulait pas précisément sur l'or, à la lecture de la lettre qu'il écrivait à son grand oncle Lucien, archidiacre, et dans laquelle il lui disait :

« J'attends avec impatience les six écus que me doit maman, j'en ai le plus grand besoin ».

Cette lettre, quand on songe que celui qui l'écrivait, devait, quelques années plus tard, être maître de l'Europe, a quelque chose de bien touchant dans sa naïveté. On la médite avec une sorte de satisfaction intérieure. On se sent pour ainsi dire plus rapproché du grand homme, en le voyant, comme le commun des mortels, obligé de compter avec les nécessités de l'existence, et l'on s'écrie involontairement : C'était donc un homme comme nous, celui que ses exploits ont fait un demi-dieu !

Plus tard, Bonaparte aimait à se rappeler ce rude temps de sa jeunesse, et voici comment il s'en ouvrait au duc de Vicence :

« Je trouvais le moyen d'envoyer de l'argent pour payer la pension de mon frère. (Il est ici fait allusion au premier séjour de Bonaparte à Valence). Savez-vous comment je faisais ? C'était en ne mettant jamais les pieds au café, rarement dans le monde, en brossant mes habits moi-même pour qu'ils durassent plus longtemps propres. Pour ne pas faire tache parmi mes camarades, je vivais comme un ours, toujours seul dans ma petite chambre, avec mes livres, mes seuls amis alors. Et ces livres, pour me les procurer, par quelles dures économies faites sur le nécessaire achetai-je cette jouissance ! Quand, à force d'absti-nence, j'avais amassé deux écus de six livres, je m'a-cheminais avec une joie d'enfant vers la boutique d'un libraire qui demeurait près de l'Evêché. Telles ont été pour moi les joies et les débauches de la jeunesse ».

On ne se douterait pas, en lisant ces confessions, que, au dire de l'auteur de l'étude parue dans le *Courrier de la Drôme*, Bonaparte, dans le seul but de plaire à Mlle du Colombier, mettait en mouvement une armée de brosseurs, de fourbisseurs, de parfu-meurs, de décrotteurs, etc. L'un le lustrait par le bas, l'autre le rafraîchissait par le haut, tandis qu'un troi-sième le parfumait des pieds à la tête, et qu'un qua-trième frottait, astisquait, du matin au soir, son sabre, ses éperons, ses boutons, ses aiguillettes, de façon à le rendre plus éblouissant qu'Achille paré de son bouclier.

Tout cela ne s'accorde guère avec ce que dit le jeune lieutenant « brossant lui-même ses habits pour qu'ils durassent plus longtemps propres », outre que de tels services rendus par des mercenaires ne devaient pas se payer avec les cerises de Basseaux, encore moins avec les doux regards de celle qui en était l'objet, indirectement. Ces messieurs de la brosse et de la houppe ne travaillent pas ordinairement pour de beaux yeux.

Au surplus, l'auteur se réfute lui-même en avouant plus loin, que son « héros » déjeunait souvent, par économie, dans sa chambre, d'un œuf, de quelques onces de pain et de quelque pâtisserie qu'il allait acheter chez le pâtissier Couriol, le plus renommé de Valence, et qui avait sa boutique à l'angle des rues Vernoux et Brifaud.

De la pâtisserie ! vont s'écrier les Spartiates. Eh ! oui, de la pâtisserie, laquelle consistait invariablement en deux petits pâtés chauds, d'un sou chaque, soit deux sous que Bonaparte déposait ordinairement sans mot dire sur le comptoir du pâtissier Couriol, ce qui ne l'empêcha pas, étant consul, de s'informer avec intérêt de son ancien fournisseur de friandises.

Telles étaient les « débauches de sa jeunesse », deux petits pâtés chauds d'un sou, ces mêmes petits pâtés qui, un demi-siècle plus tard, firent la réputation d'un autre pâtissier de Romans, Roman, presque le nom de sa ville, réputation justifiée par le nombre des gourmets qui, chaque dimanche, sur le coup de onze heures, venaient guetter et croquer, à leur sortie du four, tout fumants, ces petits pâtés qu'ils absorbaient, non pas par paire, comme des *chaussons*, mais par douzaine.

Roman était un véritable artiste dans son genre, ainsi que Couriol, tellement artiste et consciencieux, que le brave homme ne fit pas fortune, malgré la vogue de ses petits pâtés. Je soupçonne même ces derniers de n'avoir pas été étrangers à cette malechance du sort. Vendus un sou, ils devaient certainement coûter un sou et demi au pâtissier. Il y a comme cela des enfants qui ruinent leur père. Mais Roman, dans sa bonhomie, devait croire qu'il se rattrapait sur la quantité. Quant à Couriol, mes renseignements ne me permettent pas de dire si les petits pâtés lui furent plus favorables qu'à son collègue de Romans. Il faut le supposer, car, autrement, la gratitude de Bonaparte ne l'eût pas laissé dans la misère.

Malgré cet état voisin de la gêne, Bonaparte avait constamment une mise coquette et recherchée, grâce à des miracles d'équilibre économique. On prétend que le célèbre financier Laffitte a révélé de bonne heure son amour de l'ordre en ramassant une épingle. Cette anecdote est-elle apocryphe, et n'est-ce là qu'une épingle à cheveux, ou mieux tirée par les cheveux ? C'est bien possible. Mais, quoi qu'il en soit à l'égard de Laffitte, les mille soins domestiques qui ont marqué la jeunesse de Bonaparte ne sont point étrangers aux grandes conceptions budgétaires de l'empereur, faisant affluer le numéraire dans les caisses de l'Etat, vidées par le gaspillage du Directoire.

J'ai dit qu'il avait retrouvé, en arrivant, son ancienne hôtesse et son ancien hôtelier, mais la mort avait fait des vides parmi les personnes qui lui étaient chères, et ses coups avaient frappé les cimes: l'évêque de Valence, Mgr de Grave, était décédé au commencement de 1788. Quant à l'abbé de Saint-Ruf, il s'était éteint le 4 avril 1791, peu de jours avant l'arrivée de Bonaparte à Valence. Ces pertes lui causèrent un grand vide, et il fut d'autant plus sensible à la dernière, qu'elle était récente.

Il retrouva Mme du Colombier bonne et accueillante comme par le passé, et Mlle Caroline sa fille, embellie de quelques printemps de plus, de cet attrait de la fleur qui prélude à son épanouissement.

Il retourna plusieurs fois à Basseaux, et il y allait ordinairement accompagné de son frère. On était encore au temps des cerises. Mais les cerises de 1791 avaient-elles la même saveur que celles de 1786 ? Il est permis d'en douter. Ce qui fait le mérite des premières cerises, c'est précisément parce qu'elles sont les premières cerises.

Les secondes furent cause d'un petit incident comique dont le jeune Louis fut le héros. Il y avait société ce jour-là à Basseaux. On apporta, dans une chambre du premier étage, une grande corbeille pleine de cerises, où chacun puisait à même, sans façon, à la campagne comme à la campagne. Pas d'assiettes sur la table, et les croisées de l'appartement étaient fermées. Ce dernier détail, qui n'a l'air de rien, a cependant son importance, ainsi qu'on va le voir.

Depuis un bon moment, la mine inquiète de Louis intriguait Bonaparte qui ne savait à quoi attribuer cette inquiétude. Que pouvait bien signifier cette figure assombrie et rentrée ? Qui sait ? Les cerises ? Peut-être les noyeaux ?.... Enfin, l'aîné s'approchant de son plus jeune et le tirant à l'écart :

Voyons ! qu'as-tu ? Il ne faut pas te gêner.

L'autre à voix basse :

— Les noyeaux.

Ce disant, il lui montrait ses mains pleines de noyeaux de cerises, dont il était embarrassé faute de savoir où les déposer.

On s'empressa, en riant, d'ouvrir la croisée, ce qui permit au pauvre garçon de s'alléger.

Plutarque, dans la Vie de ses hommes illustres, néglige d'initier le lecteur aux mille détails de la vie intime de ses héros. L'Antiquité n'admettait pas la flanelle. Là-dessus, nous modernes, nous pensons autrement, et nous croyons avec raison que rien de ce qui touche à un personnage célèbre ne doit être indifférent.

Bonaparte avait, à cette époque, pour perruquier un nommé Bazile. Plus tard, étant consul, il aimait à s'informer de lui, de ce qu'il faisait, si ses affaires allaient en prospérant. Il avait la mémoire du cœur, et sa mémoire était prodigieuse. Il s'est toujours souvenu des personnes qu'il avait connues au temps de sa jeunesse.

Parvenu à l'apogée de la puissance, deux Valenti-nois qui avaient eu des rapports avec le lieutenant d'artillerie, lui font demander une audience. Il s'agissait, pour l'un d'eux qui était vétérinaire, d'un emploi à l'armée.

— Sire, dit le plus hardi qui portait la parole, faites cela pour mon camarade, en souvenir de votre séjour à Valence.

Napoléon demande à son ministre s'il y a quelque place vacante.

— Sire, répond le ministre, après s'être informé, Sire, il n'y a qu'une place de médecin qui soit disponible.

— Eh bien, reprend l'ami complaisant, placez toujours mon camarade, *en attendant.*

Au fait, à l'armée où l'on fait plus de cas d'un cheval que d'un homme, un vétérinaire peut bien suppléer un médecin. Dans le même ordre d'idées, on connait ce bon villageois dont la mère et la vache se trouvaient malades en même temps, et qui, pour s'épargner double dépense, fit venir le vétérinaire, partant de ce principe que qui peut le plus peut le moins, ou que qui peut le moins peut le plus, comme l'on voudra.

Bonaparte avait à l'égard de Louis cette sévérité tempérée de l'autorité paternelle, sévérité qu'autorisait la différence d'âge entre les deux frères. Il le brusquait même parfois, son caractère fait de vivacité et de décision rapide s'accommodant difficilement de la nature indolente et indécise de Louis.

Un jour que celui-ci, après être resté au lit plus longtemps qu'il ne convenait, s'étant présenté, les yeux encore gonflés de sommeil, le frère aîné le réprimanda vivement sur sa paresse, en présence du chirurgien major du 4me régiment, alors en visite chez Bonaparte.

— Ah ! mon bon frère, répondit Louis, pour s'excuser et l'apaiser en même temps, mon bon frère, si tu savais quel beau rêve je viens de faire... Je rêvais que j'étais roi.

— Roi ! répliqua Bonaparte à moitié désarmé, toi, roi !... Quand tu seras roi, je serai empereur.

Le rêve devait pourtant se réaliser : Louis fut roi de Hollande, Bonaparte étant empereur.

J'ai dit plus haut que ce dernier avait la passion des livres. Cette passion suppose celle de la lecture. Aussi, était-il un des clients le plus assidus du cabinet littéraire de M. Aurel où venait également M. de Montgobert, colonel d'artillerie en congé à Valence, et l'un des hommes les plus distraits de France. Bonaparte s'amusait à exploiter cette distraction en mettant parfois dans les mains du colonel un vieux numéro du *Perlet*, journal alors fort en vogue. Il fallait voir les ébahissements du lecteur prenant connaissance de faits remontant à plusieurs mois, à un an ! L'honnête guerrier n'en croyait pas ses yeux, ou plutôt ses lunettes qu'il essuyait avec rage, poussant des exclamations auxquelles les éclats de rire de l'espiègle lieutenant mettaient un terme.

A Auxonne, où il se rendit en quittant Valence pour la seconde fois, il donna une nouvelle preuve de cette espièglerie dont on rit volontiers, parce qu'il n'y faut voir qu'une gaieté malicieuse et que rien de méchant n'en gâte le fond.

Pendant un exercice au canon, un ancien officier qui commandait la manœuvre, constatait avec stupéfaction, la lunette rivée à l'œil, qu'aucun boulet ne portait.

— S. n. de D. ! fit-il dans sa brusquerie soldatesque, quels f...ichus maladroits vous êtes tous !

— Mon commandant, dit Bonaparte, ça doit venir de la poudre.

— Allons ! bon ! vous allez me dire aussi, vous, que c'est la poudre qui a servi.

. Ça ne venait pas de la poudre, mais de Bonaparte qui, d'accord avec ses camarades, escamotait les boulets.

Le vieux commandant fût des premiers à s'égayer du tour, mais comme il tenait aussi à être le dernier à rire, tous les lieutenants furent consignés au nom de la Discipline, une imposante personne avec laquelle il ne fait pas bon plaisanter.

C'était dans la maison des Têtes, c'est-à-dire en face de la chambre de Bonaparte, que M. Aurel (Pierre-Marc), qui était en même temps libraire-imprimeur, avait son cabinet de lecture, ainsi que le constate une gravure du temps, représentant la dite maison et l'enseigne en lettres très lisibles : MARC AUREL IMPRIMEUR-LIBRAIRE. Ce détail est du reste corroboré par les *Mémoires* de Napoléon à Sainte-Hélène.

Quand Bonaparte vint pour la deuxième fois à Valence, Joseph-Emmanuel-Marc Aurel avait succédé à son père. Les relations du lieutenant d'artillerie avec le fils furent aussi bonnes que celles qu'il avait eues avec le père, je veux dire excellentes, et c'est en souvenir de ces relations, qu'il nomma, plus tard, Joseph-Emmanuel imprimeur de l'armée. Lors de l'expédition d'Egypte, il l'appela auprès de lui avec son matériel d'imprimerie, destiné à relater les découvertes scientifiques dont la direction était confiée au savant Monge. C'est un honneur pour les presses typographiques de la maison Marc Aurel (aujourd'hui imprimerie Céas) d'avoir fonctionné les premières sur la terre des Pharaons, choisies de préférence à celles autrement importantes de la capitale. Mais c'est ainsi que Napoléon cultivait l'amitié: en se rappelant ses amis quand il était lui-même dans la prospérité, tandis que tant d'autres ne s'en souviennent que lorsqu'ils sont eux-mêmes dans l'adversité.

Logé chez Mlle Bou, mangeant aux *Trois Pigeons*, se délassant intellectuellement au cabinet littéraire de M. Aurel, c'est-à-dire n'ayant qu'un pas à faire pour aller de l'un chez l'autre, Bonaparte avait arrangé son existence de façon à l'avoir en quelque sorte sous la main. Il n'imitait pas ces prodigues qui gaspillent tant d'heures précieuses en éparpillant aux quatre points cardinaux, le couvert, le gîte, le délassement et le travail. En grand économiste qu'il était, il commençait par économiser sur le temps.

En mémoire de Mirabeau, l'illustre orateur, décédé à Paris le 2 avril 1791, un service funèbre fut célébré, quelque temps après cette date, à la cathédrale de Valence. Un catafalque d'une hauteur extraordinaire s'élevait au milieu de l'église Ce fut Bonaparte qui, au moyen d'une longue échelle, fixa au sommet de la charpente l'inscription suivante :

    Du Lycurgue français voilà ce qui nous reste,

imitation du vers de Racine :

    Des trésors de David voilà ce qui me reste.

En ce temps-là, on aimait tout ce qui rappelait l'Antiquité. Ecrits, discours, foisonnaient de citations, de comparaisons grecques et latines. Les orateurs de la Convention s'apostrophaient dans la langue de Démosthènes, et se montraient le poing dans celle de Cicéron. On se serait cru à l'agora ou au forum.

Bonaparte n'avait pas tardé à reprendre à Valence le même genre d'existence que lors de son premier séjour, allant, de temps en temps, voir son ami Lambert à Romans, fréquentant les mêmes personnes qu'il avait connues, entr'autres M. de Montalivet qui devint son ministre et dont on verra bientôt la statue sur l'une des places de Valence, sur ce sol qu'il foulait en compagnie de Bonaparte, après avoir attendu environ un quart de siècle dans le vestibule de la Bibliothèque de la ville.

Ordinairement, les entretiens de Bonaparte et de M. de Montalivet roulaient sur la politique, sur les événements de l'époque, qui s'assombrissaient de jour en jour, semblables à l'orage accomplissant son évolution.

Cela, au dire de M. P.-F. Tissot, (1) se passait en 1789, lorsque M. de Montalivet se rendit à Valence au sein de sa famille qui y résidait, tandis que, lui, habitait Grenoble où il était conseiller du parlement, à l'âge de 19 ans, de 3 ans plus âgé que Bonaparte.

Or, M. Tissot commet une erreur de date matérielle. Comment Bonaparte, en 1789, aurait-il pu

____

(1) P.-F. Tissot, de l'Académie. *Dictionnaire de la Conversation et de la Lecture,* 76me livraison.

causer avec M. de Montalivet, à Valence, qu'il avait quitté en août 1786 pour n'y revenir qu'au mois de mai 1791 ? C'est, sans contredit, en 1786 qu'avaient lieu les conversations du futur empereur et de son ministre, et les imprimeurs, assez coutumiers du fait, auront peut-être placé le 6 sens dessus dessous, faisant ainsi du 6 un 9.

Cette erreur chronologique, de peu d'importance du reste, n'enlève rien à l'intérêt des entretiens des deux jeunes gens qui devaient jouer un si grand rôle dans les destinées de la France, au sommet de laquelle Bonaparte, parvenu le premier, y attira son ancien ami et contradicteur.

Car ces entretiens ne laissaient pas d'être parfois très orageux, eu égard aux opinions respectives des deux interlocuteurs : d'un côté, M. de Montalivet, rattaché aux choses du passé par son éducation, sa famille et ses relations, racines que la réflexion, les années et les événements assouplissent et détendent peu à peu ; de l'autre, Bonaparte, jugeant mieux de la situation, les yeux fixés sur l'avenir et y lisant la transformation complète de la société, y voyant la démocratie grandissant et réclamant sa part de soleil, que l'aristocratie couvrait de son ombre. Dans ces conditions, comment s'entendre ? De là, des allusions aigre-douces, des mots très vifs, à tel point que les deux jeunes gens cessèrent de se fréquenter, M. de Montalivet n'étant pour Bonaparte qu'un parfait aristocrate, et Bonaparte pour Montalivet qu'un révolutionnaire, un sans-culotte. Ils n'étaient, l'un et l'autre, ni ceci ni cela ; seulement, avec l'exagération de la jeunesse, ils se jugeaient ainsi, tout en s'estimant beaucoup réciproquement ; et quand l'estime sert de trait d'union à des opinions divisées, il y a grande chance de rapprochement, parce que l'estime que deux personnes se portent mutuellement, quelque soit leur désaccord, suppose un grand fond d'honnêteté et de sincérité chez l'une et chez l'autre.

— Mais enfin, dit un jour M. de Montalivet, dans cette transformation de la société, que préparent des hommes téméraires, n'apercevez-vous pas la révolution, l'anarchie ?

— J'y vois, répondit Bonaparte, la liberté pour le citoyen, mais la liberté avec un gou-vernement puissant et énergique, qui sait ce qu'il veut et où il va... Un peuple libre et bien dirigé peut accomplir de grandes choses.

— Qui peut se flatter de diriger le peuple ?

— Il suffit de le vouloir pour le pouvoir.

Tels étaient les entretiens de ces deux jeunes hommes s'intéressant aux affaires de leur pays, à un âge où les femmes et les chevaux sont l'unique préoccupation de la jeunesse.

Plus tard, le rapprochement se fit entr'eux, rapprochement complet, aidé par la raison, l'expérience et les événements. Chacun fit spontanément un pas en avant, se dépouillant, l'un de son trop d' « aristocratisme », l'autre de son trop de « révolutionnarisme », imputables surtout à l'impétuosité de la jeunesse, cette écume généreuse, mais excessive, qui se calme avec la maturité des années, et ces deux hommes faits pour s'entendre se rejoignirent.

A tel point, nous apprend M. Tissot, « que la mort

de Napoléon, devenu l'idole de l'esprit et du cœur de
M. de Montalivet, avait porté une profonde atteinte à
ce dernier : depuis ce malheur, sa santé ne fit que
décliner, affaibli de jour en jour, il mourut le 22
janvier 1823, dans sa terre de La Grange, près
Pouilly, département de la Nièvre ».

Et Bonaparte n'a pas même une plaque commé-
morative à Valence, quand M. de Montalivet, sa glo-
rieuse doublure, y possède une statue !

Parfois Bonaparte et M. de Montalivet prolon-
geaient leur causerie et leur promenade jusqu'au
charmant petit village de Lavache, aujourd'hui
Beauvallon, malgré l'opposition forcenée de Madier-
Montjau qui ne voulait pas démordre de l'ancienne
dénomination, ce qui lui attira cet horrible jeu de
mots :

— Pour quel motif tenez-vous donc tant à Lavache,
enragé ?

Les exursions à Lavache, peu éloigné de Basseaux,
plaisaient beaucoup à Bonaparte. Ce petit village,
qui compte aujourd'hui 251 feux, est placé dans une
délicieuse vallée marquée, à ses extrémités longitu-
dinales, par le nord et le midi. Adossé, au levant, à
un monticule, ses dernières maisons, comme les derniers grains d'un chapelet, descendent, au couchant,
vers des massifs d'arbres, des taillis, des bosquets,
qui ondulent pendant la belle saison, sous les vents
calmes, ainsi qu'un océan de verdure. A ses pieds
serpente un ruisseau qui va se perdre en murmurant
sous le feuillage. Rien de plus frais que cette oasis
enchassée dans le canton de Valence, témoin de

fréquentes parties champêtres où le monde citadin vient essuyer sa poussière aux tapis tissés par la nature.

Voici dans quelle circonstance Bonaparte connut ce village pour la première fois : un jour qu'il y avait société à Basseaux, les dames proposèrent une partie de campagne.

—· Si nous allions à Lavache ? fit l'une d'elles.

— A Lavache ! s'écria Bonaparte, voilà un nom qui n'est guère attirant…On ne doit trouver dans ce pays que des bouviers, des chevriers et du lait caillé.

— Oh! Monsieur Léon, c'est un endroit charmant ; vous verrez ! reprit Mlle du Colombier.

Dans l'intimité, on disait Léon, par abréviation de Napoléon, un nom qui était loin d'être populaire à cette époque, qui avait même quelque chose d'étrange. En l'abrégeant, on le francisait.

On revoit toujours avec plaisir les lieux que l'on a visités, accompagné de la femme chérie. Elle y a laissé quelque chose d'elle : un peu de son regard dans ce soleil qui dore les côteaux, un peu de sa voix dans cette brise qui soupire dans les feuilles, un peu de son parfum dans ces fleurs que l'on y respire…

En retournant à Lavache, Bonaparte y retrouvait certainement tout cela ; mais ses instincts d'artiste et de poëte — poëte plutôt d'exécution que de conceptions rêveuses — avaient aussi leurs jouissances à se rafraîchir de pittoresque et de calme champêtre.

C'est vers ce temps-là que Bonaparte se fit recevoir de la Société des *Amis de la Constitution*, dont les membres se réunissaient dans le cabinet littéraire de M. Aurel, après avoir tenu leurs premières séances chez Mᵐᵉ Bou, l'hôtesse de Bonaparte, laquelle, ainsi que je l'ai dit, avait un café. De là, la grande popularité qui commençait à s'attacher à sa personne, qui, précisément pour ce motif, était un objet de jalousie de la part de ses chefs et de plusieurs de ses collègues. Les uns et les autres sentaient instinctivement la supériorité qu'il avait sur eux, et ils s'efforçaient de réagir comme réagit la médiocrité sous l'influence dominatrice du génie.

Quelques écrivains, ainsi que cela arrive quand on se place aux points extrêmes de l'appréciation, quelques écrivains ont prétendu que les opinions de Bonaparte étaient révolutionnaires, dans le mauvais sens attaché à ce mot. C'est absolument faux, et nous en trouvons la preuve dans Bonaparte lui-même, c'est-à-dire dans les actes du jeune homme.

Le 25 août 1791, il fêtait, en compagnie des officiers ses collègues, la Saint-Louis chez le restaurateur des *Trois Pigeons*. Au dessert, M. Duprat, lieutenant, entonna la romance :

O Richard ! o mon Roi !...

alors proscrite par les purs de l'époque, qui n'admettaient que la *Carmagnole* et le *Ça ira*. La *Marseillaise* n'était pas encore née.

Quelques-uns de ces purs, qui dînaient dans un cabinet voisin, scandalisés du chant royaliste, firent irruption, au nom de la liberté, dans la salle des officiers. Une bagarre s'en suivit, au cours de laquelle Bonaparte ne bouda pas dans la distribution des horions. Ce fut même pour lui une occasion de déployer ses talents de stratégiste.

Eh bien — et c'est là où je veux en venir —voit-on un révolutionnaire dans ce jeune homme prenant fait et cause et faisant le coup de poing pour le roi Richard, derrière lequel, en réalité, se trouvait Louis XVI ?

Non, il n'entrait pas dans les idées et le tempérament de Bonaparte d'attiser le feu des guerres civiles. Sa conduite, jusqu'à la fin de sa carrière, proteste contre cette accusation. Il était fait, au contraire, pour éteindre ce feu, comme cinquante jours auparavant, le 6 juillet 1791, il était un des premiers à former la chaîne destinée à se rendre maître de l'incendie qui venait d'éclater à l'hôtel du *Griffon*, faubourg Saunière.

C'est le 27 du même mois, alors que chacun se demandait si l'on aurait la guerre, qu'il écrivit à M. Baudin, commissaire des guerres, une lettre empreinte des sentiments démocratiques dont il a toujours été animé, et de laquelle j'extrais les passages suivants :

« L'Europe est partagée par des souverains qui commandent à des hommes, et par des souverains qui commandent à des bœufs ou à des chevaux.

« Les premiers comprennent parfaitement la révolution ; ils en sont épouvantés ; ils feraient volontiers des sacrifices pécuniaires pour contribuer à l'anéantir, mais ils n'oseront jamais lever le masque de peur que le feu ne prenne chez eux.

« Quant aux souverains qui commandent à des chevaux, ils ne peuvent saisir l'ensemble de la Constitution ; ils la méprisent... »

A travers ce langage, on entrevoit déjà, comme un

éclair, l'épée du général en chef de l'armée d'Italie, tranchant les liens qui retenaient dans la servitude tant de petits états auxquels il apporta les bienfaits de la liberté.

Que n'ont pas dit de lui ses adversaires obscurs ? Que la religion l'avait eu pour ennemi. Et le Concordat ! sans lequel aujourd'hui le vaisseau de l'Eglise ne serait plus qu'un monceau de ruines.

N'est-ce pas lui qui, premier consul, revenant de l'expédition d'Egypte et s'étant arrêté à Valence, fit faire des funérailles magnifiques, dignes d'un souverain, d'un pontife, à Pie VI dont les restes enfermés dans un cercueil de plomb attendaient, depuis six mois, dans les caves d'une chapelle, une sépulture que le Directoire leur refusait ? Il suffit que Bonaparte apprit cet outrage fait à un pape, pour que, sans tenir compte de la volonté de ce Directoire, débris pourri de la Convention révolutionnaire, pour que le vainqueur d'Aboukir rendit à l'ancien chef de la chrétienté les honneurs qui lui étaient dûs.

Dans *Pie VI à Valence*, ouvrage écrit du reste avec un esprit de parti évident, l'auteur, M. Charles Poncet, du tribunal civil de Dôle, obligé de reconnaître la tolérance et la justice de Bonaparte, donne néanmoins pour conclusion à son aveu cette petite méchanceté : « Sa conduite était dictée par des vues secrètes d'ambition. »

M. Poncet a oublié de nous indiquer le but que poursuivait cette « secrète ambition ». Que n'aurait-il pas dit, et à bon droit, si Bonaparte avait approuvé la conduite du Directoire ? Va-t-on maintenant suspecter jusqu'aux bonnes actions et supposer à celui qui les fait, une intention qu'il n'a pas? C'est un peu excessif, et, il faut en convenir, d'un piètre encouragement pour les gens de bien.

Au fait, quelle pouvait bien être cette « secrète ambition » ? Bonaparte s'est chargé de nous l'apprendre, ou plutôt il s'en est ouvert à Mgr de Grave, évêque de Valence, quand il lui disait : « Je voudrais bien passer capitaine ». Une fois capitaine, il a voulu être général, ce qui est la « secrète ambition » de tous les bons soldats. Critiquer cette noble ambition, c'est faire l'apologie des mauvais soldats, des « brisquards ». Ici-bas, celui qui n'a aucune sorte d'ambition n'est pas un homme, mais un mollusque. M. Poncet lui-même, en écrivant son livre, n'a-t-il pas eu la « secrète ambition » de produire un chef-d'œuvre ?

N'est-ce pas encore Bonaparte qui, dans la même circonstance, sur la nouvelle que les personnes ayant fait partie de la suite du pape, retenues à Valence par les chicanes de l'autorité administrative, dans le plus grand dénuement, ne pouvaient regagner leur patrie, faute de passe-ports qu'on refusait de leur délivrer — n'est-ce pas lui qui les fit immédiatement rapatrier, en accompagnant cet acte d'humanité de ces belles paroles : « Il est juste que vous retourniez dans les lieux où *votre religion s'exerce en liberté* ». M. Poncet voit-il toujours dans ce langage une « secrète ambition » ? et Bonaparte prévoyait-il qu'un jour il aurait besoin de la protection de ces gens, la plupart d'humbles prêtres, qu'il rendait à leur patrie?

L'année suivante, grâce encore à Bonaparte, et

pour donner satisfaction aux dernières volontés de Pie VI qui avait demandé que son corps, après sa mort, reposât dans la basilique de Saint-Pierre — l'année suivante, la dépouille du pape faisait route pour Rome.

C'était dix jours avant sa lettre à M. Baudin, le 17 juillet 1791, que Bonaparte avait été le héros d'une aventure curieuse entre toutes.

On célébrait, à l'église Saint-Jean, une messe solennelle à laquelle avaient été invités les officiers du 4ᵐᵉ régiment d'artillerie. Beaucoup de curieux sur la place, et, à la porte de l'église, des mendiants attirés par la solennité de la cérémonie, source de fructueuses aumônes.

Ici, je laisse la parole à M. le baron de Coston, l'auteur de la *Biographie des premières années de Napoléon Bonaparte* ; à M. Rochas qui a écrit les *Mémoires d'un Bourgeois de Valence*, et à M. Villard qui a publié les *Annales Valentinoises*.

Tous les trois racontent d'une façon pour ainsi dire identique l'épisode suivant :

« Au moment où Bonaparte va franchir le seuil du saint lieu, il est accosté par une femme qui paraît très malheureuse et qui lui demande l'aumône. Elle tient deux enfants sur ses bras.

« Le jeune lieutenant la regarde, elle et ses deux enfants, tire un écu de trois livres de sa poche et le lui met dans la main.

« Etonnée d'une générosité pareille, la pauvresse le fixe à son tour et lui dit : Merci, mon lieutenant, je vous souhaite une couronne.

« — C'est bien possible, répond gravement Bonaparte en pénétrant dans l'église ».

M. de Coston ne fait suivre ce récit d'aucun com-
mentaire ; mais M. Rochas — et c'est ici que réside
le curieux de l'aventure — M. Rochas le fait précéder
de ces lignes :

« **1791. 17 juillet.** — *Le journal l'Etendard a
publié, à cette date, l'éphéméride suivante :* »

Suit le récit qu'on a lu plus haut, mais sans com-
mentaire.

Seul, M. Villard, qui a également reproduit l'éphéméride, dont il ne conteste pas l'authenticité, termine
sa narration par cette réflexion : « Nous pensons que
cette prophétie est apocryphe ».

Cette réflexion me parait quelque peu naïve ; car
enfin, si un journal de 1791 a prédit à Bonaparte une
couronne treize ans avant qu'il ait été couronné empereur, la prophétie existe bel et bien, elle n'a point
été faite après coup, qu'elle émane de la pauvre
femme aux deux enfants ou du journal l'*Etendard*.

A la vérité, je me suis livré aux plus minutieuses
recherches touchant l'*Etendard* du 17 juillet 1791 ; je
n'ai trouvé aucune trace se rapportant à une feuille
de ce nom parmi les journaux de la Révolution. Où
M. Rochas a-t-il puisé ce renseignement ? Impossible
de le savoir. M. Rochas est mort, et il a emporté son
secret dans la tombe. Quant à M. Villard, il a trouvé
l'*Etendard*... dans l'ouvrage de M. Rochas. Oh ! les
compilateurs ! que Voltaire appelait des plagiaires.

Tout ce qui touche au surnaturel n'a guère de prise
sur moi. C'est précisément pour cela que je crois à

la réalité des paroles prononcées par la mendiante du porche de l'église Saint-Jean, et voici comment je les explique :

Vous faites généreusement l'aumône à un pauvre diable. Il se produit spontanément chez lui une surabondance du cœur qui se traduit par des souhaits à perte de vue. Que pouvait souhaiter cette pauvre femme au lieutenant Bonaparte lui présentant un écu? D'être général ? Sans doute, elle a cru qu'il méritait mieux que cela pour un écu de trois livres, et elle a estimé qu'il fallait lui en donner pour son argent. C'est ainsi que, tout de suite, elle lui a souhaité un trône, une couronne. Sur un homme d'église, pour le même prix, elle eût appelé toutes les joies du Paradis, et mis les mines du Pérou à la disposition d'un ouvrier, d'un travailleur.

D'autant plus que les souhaits ne ruinent pas ceux qui les font.

Le séjour de Bonaparte à Valence ne présente rien de bien remarquable, depuis le mois d'août jusqu'au commencement d'octobre 1791, époque où, en compagnie de son frère Louis, il partit pour la Corse, après avoir descendu, en bateau, le Rhône jusqu'à Avignon, emporté vers ses glorieuses destinées, destinées tellement étonnantes, tellement incroyables, que, dans les âges futurs, quand on verra la trace de son nom au pied des pyramides, sous la tente de l'Arabe, sur le palais de l'Escurial, sur le marbre du Capitole, toujours fumant et crépitant, ce nom, dans les ruines du Kremlin, toujours à Schoenbrunn, toujours à Postdam ; quand on le retrouvera partout, ce nom magique, éclatant comme une fanfare, ce nom qui personnifie un peuple, une humanité — alors, les nations éblouies, confondues, se demanderont, avec M. Salvandy, si tous ces exploits ont été accomplis par un seul homme, par un mortel, ou bien par un nouvel Hercule, rival de celui des époques fabuleuses ?

FIN

P. S. — Mme du Colombier est morte à Valence le 13 janvier 1793, à l'âge de 62 ans.

Mlle du Colombier épousa, le 31 mars 1792, M. Garempel de Bressieux, chevalier de Saint-Louis, ancien capitaine d'infanterie au régiment de Lorraine, et suivit son mari à la terre de Bressieux, près de Tullins (Isère). Elle mourut à Paris à un âge avancé. Je n'ai pas la date précise de sa mort, bien que M. Henry d'Ideville, dans *Les petits côtés de l'Histoire*, indique l'année 1845. Ce chiffre me paraît suspect, étant donné le calcul auquel se livre M. d'Ideville au sujet de Mlle du Colombier, à laquelle il attribue 17 ans, en 1785, ce qui me semble exact, mais à laquelle il donne près de 80 ans en 1843, époque où il l'a connue. Or, 17 ans en 1785, plus 58, de 1785 à 1843, ne produisent que 75, près de 80 ans — si l'on veut.

L'introduction de Bonaparte dans la société valentinoise par l'abbé de Saint-Ruf semble un « détail piquant » à M. d'Ideville. Qu'y a-t-il là de piquant ? et n'est-il pas au contraire très naturel que M. l'abbé, à qui Bonaparte avait été recommandé par son collègue en religion, l'archidiacre Lucien Bonaparte, grand-oncle du jeune lieutenant — n'était-il pas naturel que M. de Tardivon se fit le cicerone de celui-ci dans la société qu'il fréquentait lui-même ? Ce « détail piquant » serait-il une pointe à l'adresse de M. l'abbé de Saint-Ruf, coupable, aux yeux de M. d'Ideville, d'avoir aimé les Bonaparte avant le bonapartisme ?

Car il ne faut pas perdre de vue que l'auteur des *Petits côtés de l'Histoire* réserve ses sympathies — il ne s'en cache pas du reste, c'est son droit — aux orléanistes, au point qu'il disait un jour au duc d'Aumale : — Prince, montez à cheval et débarrassez-nous de la République.

D'Aumale, souriant, répondit : O poète !

M. d'Ideville est également très étonné « qu'il y eut à Valence, à cette époque du bon vieux temps, des *salons gais* », réflexion qui me parait elle-même très gaie.

Gaieté dépassée toutefois lorsque M. d'Ideville nous apprend que le domaine de Basseaux est situé sur la « jolie route » de Saint-Péray. S'il est convenu que tous les chemins peuvent conduire à Rome, ils peuvent aussi mener à Basseaux, bien que ce dernier se trouve sur le territoire d'Etoile, dans la Drôme, rive gauche du Rhône, tandis que la « jolie route » de Saint-Péray se déroule dans l'Ardèche, rive droite du Rhône. Bah ! en faisant un crochet.

D'autant mieux que, plus loin, M. d'Ideville nous révèle que Bonaparte étant devenu général, s'arrêta, à son retour d'Egypte, « avec son état-major près de Valence, au relais de poste de la Paillasse, petit village distant de Basseaux d'un quart de lieue ». Cette fois, il a raison, mais comment s'expliquer ce changement subit, sinon que Basseaux, à l'exemple de Bonaparte, avait obtenu de l'*avancement*, en quittant la « jolie route » de Saint-Péray pour passer de l'Ardèche dans la Drôme.

Ailleurs, M. de Tardivon, abbé de Saint-Ruf, est l'objet d'une investiture qui le surprendait fort s'il revenait au monde. M. d'Ideville l'appelle tout uniment M. de Saint-Ruf, absolument comme si l'on disait de Mathieu (de la Drôme) : Monsieur de la Drôme. Toujours la fable de l'homme et du Pirée. Ces Parisiens sont extraordinaires quand ils mettent le pied en province. Tout leur est nouveau, tout leur est inconnu. On dirait des explorateurs remontant le cours du Niger.

Comme beaucoup qui n'ont étudié la question que superficiellement, M. d'Ideville croit que le jeune lieutenant fut évincé au profit de M. de Bressieux, alors que j'ai montré le premier déclarant, en 1791, à son ami le chevalier des Mazis : « Moi aussi, j'ai été amoureux », c'est-à-dire cinq à six ans après ses « amours » avec Mlle du Colombier, à une époque où il n'était pas encore question de M. Garempel de Bressieux.

Et maintenant on se demande ce que vient faire Bonaparte dans les *Petits côtés de l'Histoire* consacrés au hommes du second Empire et de la troisième

République ? A permettre à M. d'Ideville d'établir un parallèle — oh ! les parallèles de collège — entre Gambetta, célèbre par son discours à Romans, et Bonaparte qui séjourna à Valence, leur appliquant à l'un et à l'autre la qualification de grand homme. Le rapprochement, s'il a voulu être méchant, n'est qu'innocent.

Quant aux portraits de la plupart des hommes du second Empire et de la troisième République, dessinés dans *Les petits côtés de l'Histoire*, la « jolie route » de Saint-Péray donne à réfléchir sur leur ressemblance, gâtée en outre par la partialité du dessinateur. Garibaldi, nous apprend ce dernier, fut le justicier de Victor-Emmanuel, et Rochefort celui de Napoléon III. Il parait que tout et tous, ici-bas, ont un justicier. C'est ainsi que le bon sens serait celui des *Petits côtés de l'Histoire*.

Car on peut aller très loin, une fois le pied dans cet ordre d'idées et en faisant intervenir la Providence. Rien de plus facile alors que de tirer des événements une signification conforme à notre fantaisie et à nos opinions. Exemples : la démence furieuse qui termina l'existence de Charles IX fut la justicière de celui qui signa le massacre de la Saint-Barthélemy ; Ravaillac fut le justicier de Henri IV qui promulgua l'Edit de Nantes ; les revers inouïs qui marquèrent la fin du règne de Louis XIV furent les justiciers de la Révocation de l'édit de Nantes. De telle sorte que la Providence punissait celui qui admettait la liberté de conscience, et n'épargnait pas celui qui la condamnait. Voilà une Providence bien capricieuse ! Quant aux justiciers de Victor Emmanuel et de Napoléon III, que nous présente M. d'Ideville, il faut convenir que la Providence n'aurait pas eu la main heureuse en confiant l'exécution de sa justice à Garibaldi et à Rochefort, c'est-à-dire à deux paillasses, l'un de l'épée, l'autre de la plume. Les gouvernements, eux, sont plus sévères dans leur choix, car généralement il n'y a rien à dire sur le compte des bourreaux. Tout cela prouve que nous ne sommes que des hommes, et que nous n'avons pas le droit de chercher à lire dans le livre de la Providence.

Pour M. d'Ideville, hors le Pape et le Roy, rien n'existe. Et le peuple ? demandez-vous. Prince, montez à cheval, répond M. d'Ideville, en s'adressant au duc d'Aumale. Tout l'homme est là, et ces quatre mots le peignent mieux que ne pourrait le faire le plus parfait des instantanés.

Mlle Marie-Claudine Bou mourut à Valence le 4 septembre 1800, âgée de 64 ans.

Je ne veux pas clore cette courte notice biographique sur Bonaparte, sans remercier bien sincèrement les personnes qui m'ont aidé dans ce travail :

M. Victor Colomb, de Valence, dont les magnifiques collections sur tout ce qui touche de près ou de loin à notre département font l'admiration des amateurs les plus exigeants ;

M. A. Lacroix, l'intelligent et aimable archiviste

de la Drôme, qui a bien voulu me laisser puiser dans son trésor ;

M. C. Bourron, de Montélimar, qui, avec une extrême obligeance, a mis à ma disposition un épisode peu connu de la jeunesse du grand homme ;

Enfin, tous ceux qui m'ont fourni des matériaux que j'ai eu seulement la peine d'assembler et de cimenter, pour en élever cette modeste colonne triomphale que je présente au public, après m'être inspiré de ce souci de la vérité, sans laquelle une œuvre ne saurait avoir grande valeur, quel que puisse être son mérite autrement.

TOURNON. — Imprimerie L. BOYER.

Documents manquants (pages, cahiers...)
NF Z 43-120-13

3 7531 01 95501 9

www.ingramcontent.com/pod-product-compliance
Lightning Source LLC
Chambersburg PA
CBHW061424060726
47597CB00003B/1132